AF276512

# AIRES REPUBICANOS

FINA R. PALAU

# AIRES REPUBICANOS

© Obra: AIRES REPUBLICANOS

Primera edición: Octubre, 2025

© Autor: FINA R. PALAU

ISBN: 978-84-15408-69-7
Depósito Legal: M-19884-2025

© Editado por MUSIVISUAL

Gestión, promoción y distribución: Límbica Ediciones S.L.
C./ Puentelarra, 68, 2º A, 28031 Madrid. España.
Tlf: 0034 91 3117696 // Email: pedidos@limbicaediciones.es
www.visionnet-libros.com

Disponible en librerías físicas y online.

*Las opiniones expresadas en este trabajo son exclusivas del autor. No reflejan necesariamente las opiniones del editor, que queda eximido de cualquier responsabilidad derivada de las mismas.*

*A Assumpció Forcada poeta, amiga de siempre*
*y a mi querida Ada Rosales*

# PRÓLOGO

No podemos ya huir de la nostalgia, la tristeza y el dolor que significa habitar un mundo que no está hecho para ti. En una sociedad donde la palabra loca es más común de lo que nunca debería de haberlo sido. Donde el concepto de *mujer* es tan claustrofóbico que resulta difícil respirar en él.

A todas nos enseñan dónde pisar y dónde flotar; cuándo reír y cuándo llorar; cuánto sentir y cuánto esconder. Todas huimos irremediablemente de la palabra *diferente*. Todas deseamos que nos llegue esa frase que se viste de halago para lanzar una daga. O lo hemos hecho tanto tiempo que ya no sabemos si podemos abandonar ese hábito.

Sin embargo, de la misma manera que nos sabemos *víctimas*, también nos sabemos *supervivientes*. Somos las que siempre hemos sonreído durante siglos a la injusticia. Las que hemos luchado en silencio. Las que nos negamos a seguir moviéndonos en pequeño, a ser siempre las *niñas buenas*, las obedientes y las responsables y cuidadoras.

Fina R. Palau es el ejemplo de *superviviente* que todas deberíamos haber buscado. Que todas desearíamos ser. Es la mujer que nunca ha dicho *sí* por miedo a un rechazo invisible. La que no ha abandonado la lucha ruidosa por mucho que le han dicho que "no es femenino". La que no ha huido de la diferencia. Al contrario.

Esta unicidad está presente en todos sus textos y canciones, exhala de sus poros como un perfume lilas y claveles que impregna su esencia hasta la inmortalidad. Ese aroma a resistencia, a lucha y a coraje que se nos cuela en las venas, contra el que nunca podemos ni debemos resistirnos, con el cual debemos trabajar para parecernos un poco a ella.

Sus recuerdos inundan este poemario con una belleza deslumbrante que rellena los huecos de las almas rotas, de aquellas auras que cuidó y sigue protegiendo como si el tiempo no hubiera pasado. Su sufrimiento se alinea con su activismo para conformar una cotidianidad tranquilamente ansiosa, declaradamente compleja y sinceramente deliciosa.

La inteligencia traspasa las palabras con elegancia, erotismo y honestidad. El dolor emana de estas páginas, crudo y hermoso, disfrazado de nostalgia y pérdida, de madrugadas y atardeceres que no regresarán, pero que nunca han abandonado la memoria de nuestra autora, que siempre regresan para prometernos que Fina nunca dejará de ser Fina, que nunca la perderemos a merced del silencio y la tristeza. Que siempre será más fuerte que todas nosotras juntas.

*Aires republicanos* es el ejemplo que esperábamos para poder reafirmarnos en nuestro deseo de saltarnos la norma, de vivir como queremos y de responder a un sistema que se niega o finge escucharnos mientras busca la destrucción de todo posible futuro. El poemario que ahora leerán promete acompañarlas a vivir nuevos amaneceres. Nuevos inicios. Nacientes deseos. Renovadas ilusiones. Amores desconocidos y aventuras inesperadas con los cuales construyamos muchos finales para nuestra propia historia, la historia de las mujeres. Miles de atardeceres con los que responder a las albas que ya hemos dejado atrás.

Fina R. Palau nos lleva a todas de la mano por un futuro ajeno al miedo, a la injusticia, al sufrimiento y a la tristeza que ha definido, y define todavía, tantas vidas.

Desde el más sincero amor,
Ada Rosaleda

# MI ESTILO ES AMANECER

Estilo puede que sea una manera
de afrontar la vida.
Cierto es que un día
empieza en el amanecer,
pero también es verdad
que en nuestro planeta
amanece en un hemisferio,
mientras en otro oscurece.

¿Qué realidad es amanecer?
El principio, el fin,
creo que me equivoqué.
Nunca amaneció.

# INTELECTO

*A Iris Sánchez*

A veces escribimos para mitigar
algún sentimiento personal.
Sin darnos cuenta que lo personal
puede ser transferible,
como la mujer que da luz
a un nuevo ser.

El intelecto o capacidad
para almacenar conceptos
lo llamamos inteligencia.
El valor más codiciado por el poder.

# LETRAS

Cuando no encuentres
a nadie con quien hablar,
escribes para que sea
el dialogo de tu vida, y no sentirte sola.
Ellas, las letras, te hacen compañía,
rebelan grandes amores,
parece como si te acariciaran,
una tras otra forman sentimientos.
A veces duelen tanto que intentamos
alejarlas de nuestros recuerdos.

# ESTUDIANTAS

*Dedicado a las Erasmus 2018-2019*

Os recuerdo estudiantas
jóvenes y brillantes
hacia un futuro donde tendréis
que decidir cómo arreglar la casa.

Después de tantas guerras mundiales,
nos atacan unos virus
que no entienden de amor,
solo siembran el miedo.

Pero vosotras mujeres
de un futuro, limpiareis la tierra
para que la buena gente
entre en la casa de la convivencia.

# ESTUDIANTA

*A Anna Schwarz*

Desde la cátedra de la vida,
te recuerdo estudianta
de ojos azules y cabellos dorados
como el oro de tu juventud.
El mismo que perdí,
en el intento mío
de cambiar una Sociedad
supremacista, por otra feminista.

Pero, en estos momentos
que cierran puertas,
espero que un día las podáis abrir
y cambiar este tiempo por otro humanista
y aunque yo no esté,
ha valido la pena conocerte.

# HEMISFÉRICAS

¿A dónde voy a ir querida amiga
de luchas hemisféricas y suave besar?
No puedo revelar que mi amor está lejos
en una eternidad latente de recuerdos
en los que una vez fui protagonista.
Pero la historia me olvidó y busqué
mi paz interior en el centro de falsedades.
No pudo ser y baje los peldaños de esta sociedad
tan manipuladora y los volví a subir
para que no me pisotearan.

# OTOÑO

Otoño, víspera del invierno lleno de frio y desencanto,
como el atardecer de una vida.
Andamos por unas cumbres llenas de organismos,
de una civilización que lo tenía todo controlado.

El poder, que no tiene sentimientos, robotiza
mentes para que sean esclavos de una sociedad
que tenía que ser jardín de amor,
y se ha convertido, en un basurero de intereses
de personas verdugos de la inoperancia,
de lo que llamamos humanidad.

# HABLAR A TRAVÉS DEL CUERPO

Si las mujeres pudiésemos hablar
a través de nuestros cuerpos,
saldría toda una experiencia
que ningún filósofo podía imaginar.

Las interpretaciones culturales,
sobre el cuerpo de la mujer,
han desgranado mensajes
de esclavismo y muerte.

En la niñez invisible, en la vejez
inservible en la estructura social.
La mujer no ha vivido plenamente
mientras los años pasan envueltos
en envidias, violaciones, las sociedades
democráticas cierran los ojos.

# POEMAS DE AMOR O DE DESEO

Me decías que era tu gran amor,
palabras llenas de deseo de un cuerpo
que quería unirse al mío.

Fantasía en noches de espejismo
que nada tenían que ver con la realidad
que vivía en mis recuerdos.

Aquellas palabras, escritas
en un papel amarillento,
parece como si tuvieran vida.

Nunca ha existido tal amor,
y la noche de los silencios
me devuelve las canciones que escribí.

# QUERIDA

¿Por qué me decías querida?
Si al final no has querido
nada de mí.

No entiendo el uso
de esta palabra, puede
ser que sea un salvoconducto
alienante, cuando las palabras
carecen de sentimientos.

# ATREVERSE

Si nos atreviéramos a pensar,
que un día puede ser realidad,
creer en la libertad y creáramos
las condiciones para que fuera posible…

Si somos capaces de rectificar
errores que han hecho de nuestro
planeta un estercolero.

Si entre las personas decayera
la supremacía del hombre
y su entorno, la mujer podría
salir de la gruta de la injusticia.

Si fuera posible que todos
los seres no pasasen hambre,
el mundo sería un bálsamo
de equidad.

Pero en esta noche sin estrellas,
me siento sola como si nunca
hubiera nacido.

# A VECES

A veces nos alarmamos
por una causa anticipada,
como la de un amor
que nunca experimentamos.

No hacemos caso
de quien está a nuestro lado
pensando que es lo normal
y obviamos abrazos.

La pandemia, que cubre el planeta,
ha desojado la pluma
de mi escritorio,
donde reposan tantos recuerdos.

He tenido que olvidar
bebiendo agua fresca,
pensando si es verdad
aquel amor o el destierro.

# DIVISANDO

Como una bella metáfora,
la capacidad del pensamiento
nos transporta a un tiempo
en el que éramos actores.

Ahora en estas guerras planetarias
nos sentimos huérfanos,
vamos errantes buscando una luz
que nos deslumbre como el oro de tu cabello.

# EPISCOPUS

Intentaba ganar tiempo
para que con certeza
diera la razón al conocimiento.

Fariseos, con lengua de serpiente,
se apoderaron de mi casa
fusilando mis sentimientos.

Mientras, vuestras mentes
perturbadas por el dinero
asesinaban a la buena gente.

Espero que Dios os condene,
mala gente quien especula.
Dominus Episcopus Nobis.

# UNIVERSIDAD

*A Ada*


Cuando te conocí en la universidad,
nos separaba un siglo XX- XXI,
empezaba una vida ajena
en el tiempo, este verdugo
que rompe razones y colapsa sentimientos.

Los recuerdos son el embrión, en la espera
de un acontecimiento, que al final
es un aborto, y las ilusiones
frustraciones suavizadas
con la ayuda de la guitarra.

# LÁGRIMAS

Tendría que haber dejado
las lágrimas para suavizar
las palabras duras que tenía en mente.

Quizá necesitase un ingrediente,
o un camino lleno de geranios,
para que su olor me transportase
a una dimensión desconocida
pero motivadora para seguir viviendo.

# ¿OLVIDAR, QUÉ?

Que en un tiempo de agosto
conocí a una mujer
que ya no existe.

Que fui obrera con pretensión
de cambiar las medidas
alienantes de producción.

Que cobije en mi corazón
personas que me fallaron
y que, a pesar de todo perdono.

Que intenté toda mi vida,
luchar para un futuro mejor
malogrando mis mejores años.

Que añoro un pasado
de mujer joven con guitarra,
la única que me consuela.

¿Qué es lo que tengo
que olvidar, que no existo?

# LA CASA

La casa, el camino
lleno de violetas
que me conducían hasta ella.
El fuego ha destruido
aquel lugar donde te aguardaba.
El camino se ha borrado.

Nunca encontrarás
la casa, existió en mucho tiempo
y nunca regresaste.
Ahora fariseos viven en ella
y su olor putrefacto ha extinguido
el olor de tu cuerpo.

# DUDA

Sería bueno que compartieses
tus ideas conmigo y que no tuvieras
vergüenza de preguntar cualquier duda.
Porqué así es la existencia, decimos;
Amé, luché.

Pero la duda es el enigma que tenemos,
aunque es necesario utilizar las dudas
para que lo que fue tangible sea cierto.

# MUCHAS VECES

La vida nos duele
como un desengaño
de amor en la juventud.

Te encontré después de un siglo
No eras tú ¿Quién eras?
Puede que fuera el amor.

Mi maleta está llena
de personas que me amaron,
de ti aún no tengo respuesta.

Voy a embriagarme de letras
para componer libros, música,
no quiero jubilarme aún.

# IMAGEN

A veces una imagen
vence a cualquier argumento,
porque las palabras no son visibles,
no se pueden tocar.

Vuelan en el aire
esperando que alguien
recoja su mensaje.

Mientras la imagen de la verdad,
queda amortiguada en el pensamiento.
¿No es atrevimiento?

# RAZÓN

Tendría que ser la razón
la que legitimara las leyes.
Pero existen leyes sin razón
en las que escasea el humanismo
y dan paso a la especulación.

En lo que llamamos mundo habitable,
hay tiranos que en vez de la razón
usan el exterminio.

En Barcelona hay un mosaico
de muchas personas que sufren.
Aquellas mujeres luchadoras
están en la calle o en algún cementerio.

# CONFUSIÓN

Te asocié con ella,
pero no lo eras
sólo el color de tu pelo
me confundió.
¿Cómo puede ser
que no te haya olvidado?

# BARCA

Una noche me dormí
entre tus piernas
y tú te movías
como una barca
cuando está en la mar.

Las olas de tu cuerpo
se convulsionaron
con el mío, no era verdad,
tú estabas perdida
en un tiempo para siempre.

# DICIEMBRES

El mes de diciembre
siempre me recuerda
cuando yo, estudiante de música,
iba a hacer compañía a unas mujeres
que vendían su cuerpo para sobrevivir
en una Barcelona franquista.

Yo les regalaba turrones e ilusiones,
y ellas me devolvían los regalos
con besos de sus labios pintados
con jazmín, grabados en mi rostro
para siempre.

# AUSENCIA

En estos tiempos
de ausencia, de un ayer
lejos de mí, quisiera
ser aquella joven con voz y guitarra,
y que tantas mujeres decían amarme,
al final no era yo, era mi rival, la guitarra.

# SOLEDAD

¿Hacia dónde enfocar
mi vida en estas noches
de insomnios de sudores y cansancio?
Tu imagen me acompaña
en mi soledad.

Como el agua de un florero
que sirve para alimentar
unos deseos muertos
que toman vida cuando pienso en ti.

# VIDA

Aquel agosto, de hace un milenio,
tocaba la guitarra
en un local feminista.
Tus ojos no se apartaban de mí
y de pronto me vi entre tus brazos
con promesas de futuro.
¿Por qué tengo que olvidar
sino he cometido un crimen?

# DONDE

Quiero ir donde nunca estuve,
pero un deseo frustrado me impide el paso.

# SENTIMIENTOS

*A Carla Cachinero*

Personas ajenas a mí
me impiden pensar.
Pero yo estoy contenta
de haber escrito
con sentimientos
las páginas de mi vida.

# QUERIDAS OBRERAS

Queridas obreras, cierto
que os olvidé,
quería ser otra cosa.
Pero en la madurez
recobro el frescor
de hace años, ser obrera.

# MIS AÑOS EN LAS FÁBRICAS

En la universidad
confundo las jóvenes
estudiantes con las obreras.

Donde trabajé, tenían dientes de nácar,
pelo brillante, 23 años.
El tiempo pasa.

# SIGLO XX

Puede ser que me miréis
sorprendidas de compartir
clase con una mujer del siglo XX.

Mujeres que luchábamos
para que vuestras madres
apostasen para que vosotras
fuerais universitarias.

# SI NADIE ME REPRESENTA

Si nadie me representa
en una sociedad que decimos democrática.
Si cuando te hacen una entrevista
te hablan con un tono infantil
y no escuchan tus propuestas.

A todo esto, hemos llegado
que te expulsen de tu casa,
que la sanidad vaya ralentizando pruebas,
visitas ¿ Dónde está la equidad ?.

Las hijas de la guerra van muriendo,
poco a poco, como un rosal en el que las rosas
pierden su aroma y color.
Nadie las reclama.

# ALEMANIA

*Como recuerdo de unas inundaciones sufridas en el año 2021*

Las aguas frenéticas
han desbordado
ciudades y hogares
de Alemania.

Pero como en los grandes
amores, no han podido
eliminar el sentimiento
que nos hace humanos.

Los afluentes vuelven
a su cauce, dejando
visible una gran desolación.
El Rhin llora por el desastre.

Se escuchan voces en el aire
llamando a hijos y familiares.
Escuchad, políticos y millonarios,
la tierra es para quien la ama.

# HERRAMIENTA

Puede ser que la cultura
sea la única herramienta
contra la barbarie.

Esto es lo que nos quieren dar a entender.
¿Pero es siempre así?

# LOS VERDES

Los verdes avanzan
como el trigo de la esperanza.
No tenemos alternativa,
vamos a movilizar a los indecisos
para que en un futuro
hayamos podido remendar
a nuestro planeta Tierra.

# OSCURIDAD

No me gusta la oscuridad,
estoy esperando el amanecer
aunque sea por poco tiempo,
mientras distraigo mi intelecto
creando, aún no sé para qué.

Mi cuerpo aún recuerda
aquellas noches de amor,
se ha desvanecido el ayer
y el hoy no me gusta.
Voy a emborracharme de recuerdos
para que hagan más llevadero
el momento.

# CAMPOS DE TRIGO

Tu pelo me recuerda
los campos de trigo
de mi infancia.
Pero yo no te recuerdo nada.
Así es la vida.

# LIBRETA DE AHORROS

Intento llenar mi libreta de ahorros
con poemas en vez de dinero.
¡Qué vergüenza pagar un beso
como hacen los hombres!

Nosotras, la juventud
de la postguerra,
vivimos con una miserable pensión.
Tal vez nos quisieran muertas.

# LLUVIA

Esta lluvia que cae me recuerda
aquellos días en Zúrich.
La tristeza inundaba mi rostro
de lágrimas, no supe ver
que tenía cerca una mujer
que he olvidado.
Sólo su voz ha quedado
como testimonio de un tiempo.

# FASCINACIÓN POR LA HISTORIA

Desde un punto de vista científico,
la historia es el cordón umbilical
que encadena los seres humanos
formando redes generacionales.

Hay parte de la historia,
que quisiéramos borrar del mapa
para expresar solamente las buenas cosechas,
en las que el amor y la experiencia
fuesen hermanas, y en el jardín de la vida
naciesen buenos sentimientos.

# CONOCIMIENTO

El conocimiento del pasado
hace habitable el presente
gracias a la memoria.

No podemos obviar
nuestra historia pasaporte
que abre la puerta
de los sentimientos.

# PROYECTOS

Quizá nada es ideal ni real,
me proyecto hacia la nada
porque la nada es invisible.

# VOZ

Tenemos voz para hablar
y con ella denunciar.
Cuando alguien nos hace callar
muere el género humano
personificado en una mujer.

# FRACASO

El espacio, el lugar
donde pasé 22 años,
trabajando para un poco de pan.
Ahora, después del deshielo
de un tiempo que me sitúa
en una realidad perdida,
no puedo encontrar
a ellas, tantas mujeres
que me quisieron.

# CREATIVIDAD

Yo no le tengo miedo
a la juventud,
es como la continuación
de un libro.
Escribimos para dejar constancia
de una realidad adornada
con el sentido de la creación.

# HADA

En la universidad
hay una silla vacía,
en un tiempo ocupada
por una hada,
que hacia lo imposible
para que no se notase su presencia.
No sabe que dejó un buen recuerdo
y como hada que es, está presente.

# CEPAS

La tierra que amaba,
el placer de mis pies en ella.
Ahora no te quieren
has perdido tu lozanía
de cepas bien cuidadas.
Ellas guardianas de los extractos
más profundos, con inviernos
fríos, van muriendo poco a poco,
como los deseos de mi juventud.

# BAR

Noches de guitarra.
Tú me mirabas con deseo,
pero ibas acompañada
de alguien que yo no quería.

# ELLA

La creación, el arte,
se confunden con la tecnología,
alguien puede creer
en lo que no es tangible.

Mi guitarra esta triste,
no la comprenden,
ella que pasó toda una vida
intentando penetrar en la sensibilidad
de quienes la escucharon.

Ahora duerme, está cansada,
se sabe de memoria
todo un repertorio.

En el franquismo le tapaban la boca
y en la democracia los enchufados.
Pero ella sigue para sensibilizar
a las personas que aman la libertad.

# LAS SOFISTAS

Las sofistas se defienden con la palabra,
lloran, aman, paren hijos,
sienten deseos de futuro
y en el regazo llevan flores
para sus amantes.

Las sofistas miran el mar
y el vuelo de las gaviotas,
añoran los años juveniles,
tañen la guitarra, y su memoria
es la enciclopedia de la vida.

# INFINITO

Me hubiese gustado
coincidir contigo
cuando mi futuro
era un mar hacia el infinito.

Aunque, las que venimos
de tantas historias estamos cansadas,
solo el relevo de los tulipanes en primavera
aviva el amor y no hay ninguna
razón que lo impida.

# CAMINO

Me engañaste, seguí un camino
que me conducía a la nada.
Mientras tú bailabas una danza con otra.
Yo venía de una guerra que aparte
de romperme el corazón
me dejó sin aliento.
Nadie me esperaba.

# POR ELLA

Por ella he dedicado
los mejores años de mi juventud
abrazada a mi cuerpo, un día joven
con pechos fuertes.
Por ella he obviado placeres
encima de una alfombra
que me llevara al infinito.

Por ella no he trabajado
lo suficiente para ganar dinero,
tenía que acariciarla cada día.
Por ella ignoro si he fracasado
o al contrario me hacía más fuerte.
Por ella que duerme
plácidamente sin miedo
al futuro ni a los problemas.

Me quiere sin más.
Por ella no he degustado
de otros labios que se me ofrecían
al final del camino.
Toda una vida dedicada a ella.
La GUITARRA.

# LA UNIVERSIDAD DUERME

La universidad está tranquila,
mientras en otras tierras
hay un derrame de sangre
de inocentes, que mueren
por los dogmatismos
de quienes conducen su historia.

Es inútil cerrar los ojos, los llantos penetran
en nuestro interior reclamando justicia,
mientras yo, remuevo una taza de café,
me siento culpable siendo una paria
en mi propia tierra.

# HISTORIA

Ya no estás, ni estarás
como compañera universitaria
el tiempo va en contra.
Tengo que empezar otra historia
que no será la misma de cuando
te conocí.

# ANNA UNIVERSITARIA

Anna de cabellos dorados
como el trigo cuando está maduro.
Un día te conocí en la universidad de Barcelona,
después partiste hacia el norte
donde las fronteras tienen miedo de las guerras.

Te recuerdo como una nieta que nunca tendré
y al recordar evoco sentimientos
que no se han perdido con los años.

# LEENA

Un animal, el arce,
de tierras de Finlandia,
me recuerda que conseguisteis
la independencia del gran oso
a base de muertes de jóvenes
en la segunda guerra mundial.
Una niña rubia corría dejando su casa.

Mujer de ojos azules
de una gran belleza,
nunca perdonaste la garra
que ahogó tu infancia.

# JUEGOS

Los poros de mi piel
rebosan poesías,
porque en mi cuerpo
hay leyendas, juegos amorosos,
que me dejaron mis amantes
en mi cuerpo, mi casa.

# QUIZÁ

La sociedad no quiere a mujeres mayores.
Por favor que no nos condenen a muerte,
que espere y mientras quiero degustar
la emoción que emana en mi interior,
AMOR.

# ALMA

El alma no es un órgano
tangible como el corazón o el hígado,
pero, a veces, nos duele tanto
que obviamos a los tangibles.

Cuando tienes que decirle a alguien
que no la amas y sigues tu ruta
por caminos imprevisibles,
también sale el sol cada día
y por la noche oscurece.

Mientras, vienen a visitarnos
amores de otros tiempos.
Intento ser sincera conmigo
dejando la mentira,
para que florezca la verdad
como el alma que nunca he visto.

# MOSAICO

Mi vida es como un mosaico
de distintos colores,
en cada uno de ellos
duermen experiencias y amores.
Nunca he dejado
las riendas de mi vida
y sigo andando por los campos
de amapolas y lilas.

# EPISODIOS

A veces me siento
interprete de episodios
que no he vivido,
la guerra civil española.

Las muertes en la calle mayor
de Lleida, la niña de tres años
entre escombros en Barcelona.

Y mientras repaso mi epidermis,
percibo una bofetada de un gris
en las ramblas de Barcelona,
era una joven que protestaba.

He vivido tanto, que el peso
de los recuerdos quedan marcados
en mi piel, como tus dientes
en mi labio inferior, tu despedida.

# DEAMBULANDO

A veces me gustaría ser
como esta paloma
que deambula por el aire.

A veces me gustaría tener fuerza
para seguir reivindicando
esta sociedad tan materialista.

A veces volvería a enfrentarme
con toda la fuerza de mis años jóvenes
y tenía como recompensa tu amor

A veces imagino que no soy yo,
quien vive en estos momentos,
sino que es otra que ha usurpado mi identidad.

# ILUSIONADA

Ilusionada por el final del año,
año de turbulencias
en la esfera mundial.
Países en guerra en medio
de una democracia adormecida
por el alcohol capitalista.

Me miró en el espejo
de las jóvenes estudiantes
para ver si puedo divisar mi ayer.

No es posible, mueren
mis camaradas, aquellas
que un día fueron deseo de amor.

# FARISEOS

No quiero ser una mujer
de esas que apartan de la sociedad.
Me envuelvo de flores fruto de mi imaginación
y cierro la puerta a los fariseos,
que tanto se repiten en la historia
devorando todos los intentos
de un mundo mejor.

# CARTAS

Un día nos dejamos de escribir
y las cartas se convirtieron
en un papel amarillento
por tantos años.

No sé si terminaste
tus estudios universitarios,
no me importaba,
la ilusión estaba perdida.

Todo era nada, aún que las cartas,
testimonios de un tiempo malogrado,
han quedado como centinelas
de una verdad.
Como aquella paloma
que agita sus alas
y vuela por un firmamento
sin esperar un mañana.

# 17 AÑOS

Otra vez estamos juntas
guitarra de mis 17 años,
cuando te toco descubro
el traste 7 donde empezaba
a tocar Romance Anónimo.
Por este motivo nadie
sabe con certeza si hay autora o autor.
Solo sé que cuando lo tocaba
tenía sorpresas de insinuaciones amorosas.

Tú me conociste con ella,
a ella la he encontrado, pero tú
te perdiste en los albores
de una historia de amor fracasada.

# CLAVELES ROJOS

Claveles rojos como tus labios
en el último adiós.
Claveles rojos de las partisanas
en la defensa de la República.
Claveles rojos como la sangre
ignorada de la camarada Pilar.
Claveles rojos como la sangre
menstrual de las jóvenes mujeres.

Claveles rojos como cuando me ruboricé
cuando te di mi primer beso.
Claveles rojos como el vino
cuando una vez me embriagué.
Y en todos estos claveles,
yo, mujer de un Estado Español
franquista malogré
la flor más perfecta, mi juventud.

# UNIVERSAL

En lo universal, somos humanos.
nos centramos en un vocabulario
paternal de poder.
Mientras en la mayoría
de los países mueren las madres,
y éstas no son noticia.
¿Qué legitimidad va a tener la Historia
si siempre ha ignorado a la mitad
de los seres humanos, las Mujeres?

# UNIVERSIDAD O FÁBRICA

Sentada en el aula, llena de mujeres
jóvenes, presiento que no ha pasado
el tiempo, que estoy con mis 22 años
trabajando en una fábrica envuelta
por las risas de mis compañeras.
Mientras reivindicábamos
igual trabajo, igual salario,
algunas descubríamos otra clase de amor.

Pero estoy en otro tiempo,
difícil de llevar, como el invierno.
Los geranios de mi juventud
han perdido su aroma
y aquí, en la universidad,
hay unas sillas vacías que tenían
que ser para ellas, las trabajadoras.

# MIGAJAS

Una paloma deambula
en medio de los estudiantes
como si esperara algún alimento.

Ella no se desanima, busca
con la mirada las migajas
que tiramos debajo de las mesas.

Por un momento agarra el pan
solidario y se lo lleva
para alimentar a sus hijos.

Así tendríamos que ser las personas,
arrebatar el alimento de las multinacionales
regadas con sangre inocente.

# TIEMPO

La vida te sorprende.
Igual que en un tiempo
tu generosidad.
Ahora hay atajos en tu camino
que puedes vencer.
Bebe del agua de la vida
por encima de todo lo demás.
Creatividad por el día y por la noche también.
Barre los escombros y vuelve a nacer.

# GAVIOTA

Una gaviota mira entusiasmada
a los estudiantes, viene de lejos,
tiene hambre, en su país
solamente hay bombas
que matan a los inocentes
de todas las guerras.
Ella quiere advertirles
que no tan lejos, no hay estudiantes
se malograron defendiendo
la legitimidad de su tierra.

# LOS NIÑOS, LAS NIÑAS

Los niños, las niñas
nunca nos perdonarán
si estropeamos la Tierra.
Veo en sus ojos futuro
e ilusiones para un mañana
que esperan que sea mejor.
En las guerras no tienen inmunidad,
les siegan la vida.

Ojos inocentes, no tendréis tiempo
para perdonar tanta maldad,
vosotros fuente de riqueza humana,
el mejor tesoro que poseemos.
Las luchadoras de tantas vicisitudes
se sienten fracasadas,
cuando muere la infancia
algo de ellas queda quebrado.

# HAY LUZ

*A Assumpció Forcada*

Hay luz más allá del camino,
hay luz, aunque no lo quieras ver,
la vida es tener una autonomía
sentir que podemos correr.

Nadie no puede excluirnos
somos materia y voz a la vez
necesitamos de la bebida
y del amor que nos da al nacer.

Abre las ventanas de la vida,
tira los perjuicios también,
recupera el tiempo perdido
y otra vez vuelve a nacer.

# TE QUIERO Y NO TE QUIERO

Te quiero y no te quiero
de la misma manera
que la primera vez.

El tiempo ese cortante,
que se quiere imponer,
no puede con quien
ama por tercera vez.

La vida son los sentimientos
como el amor de ayer.

Vivir es sentir, no quiero
robotizarme sino sentir
las caricias de tu piel.

# APÉNDICE

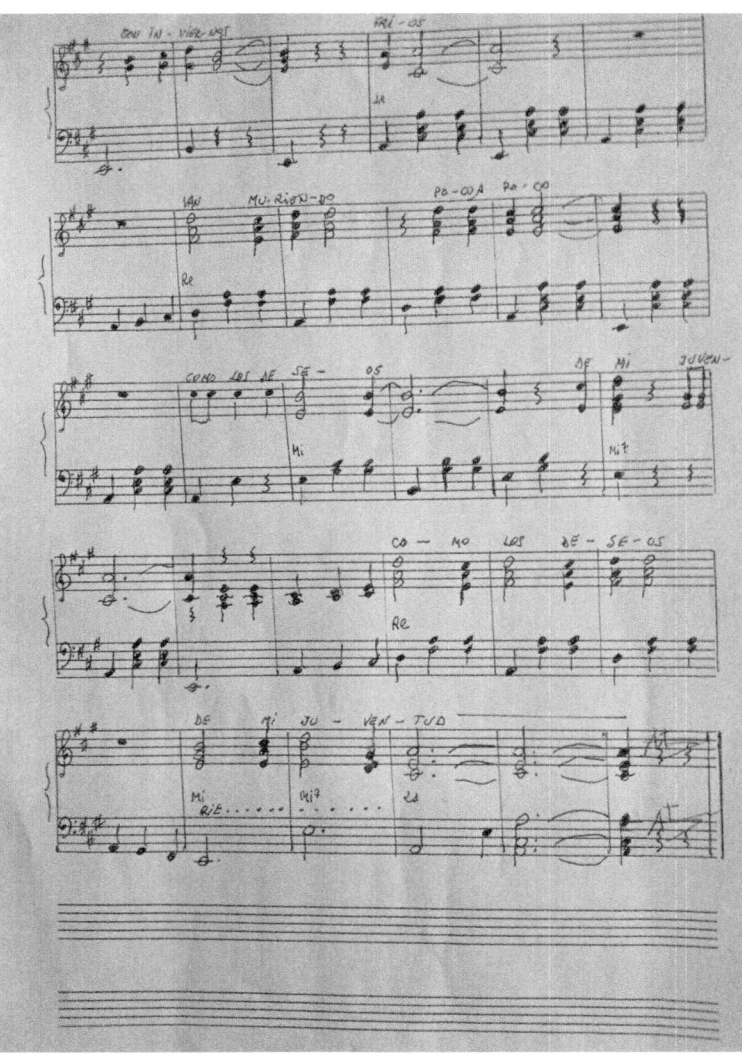

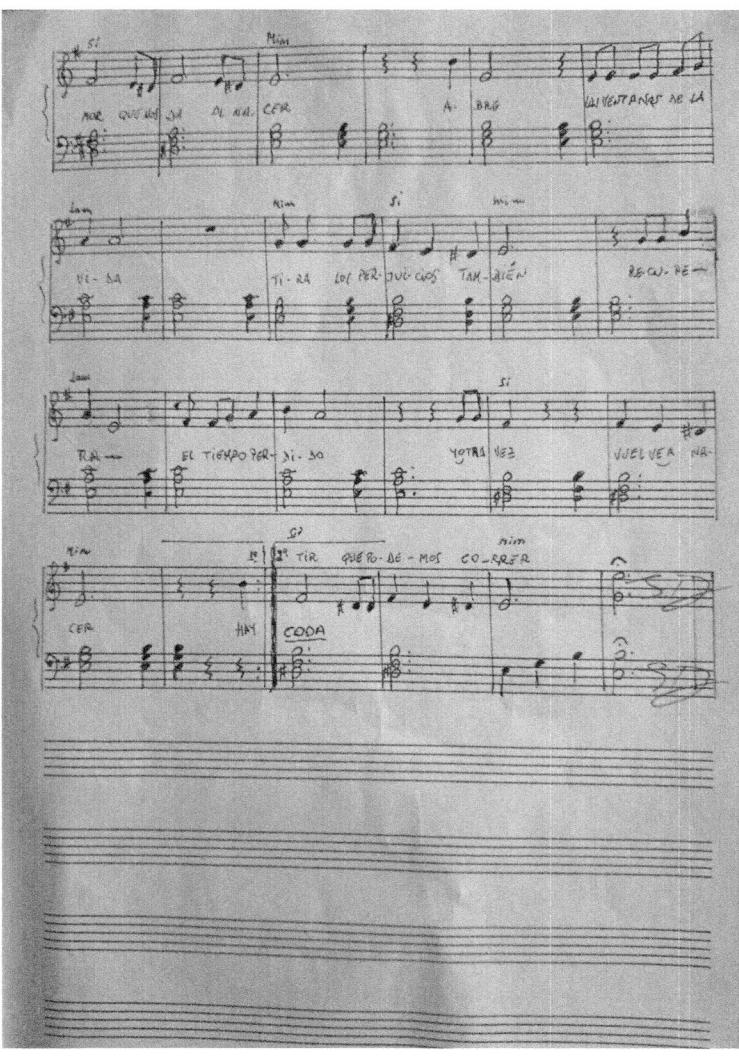

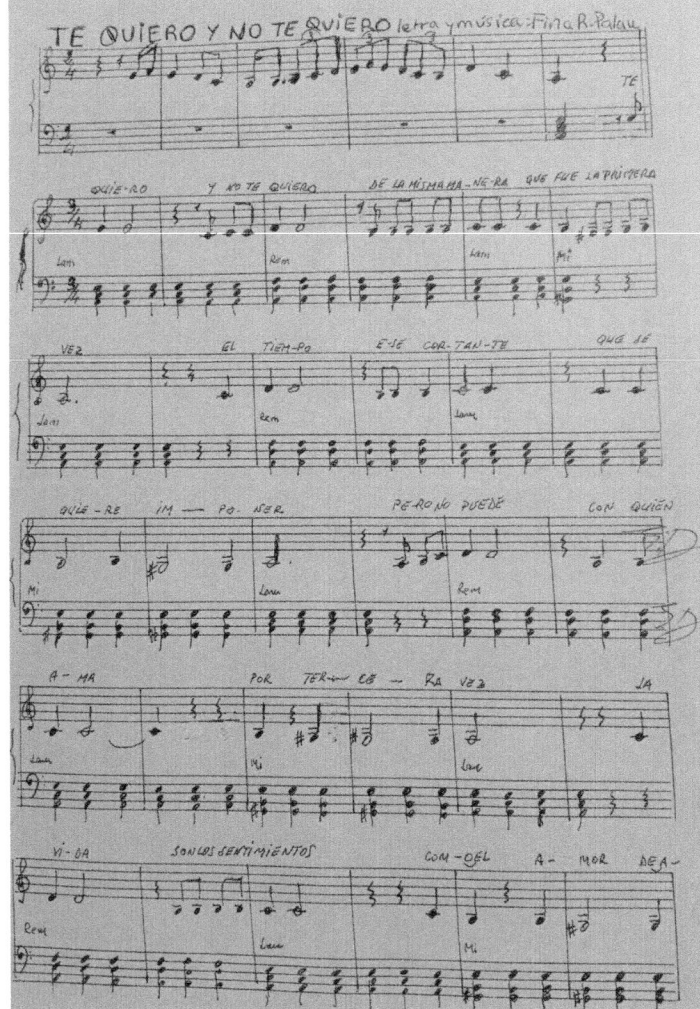

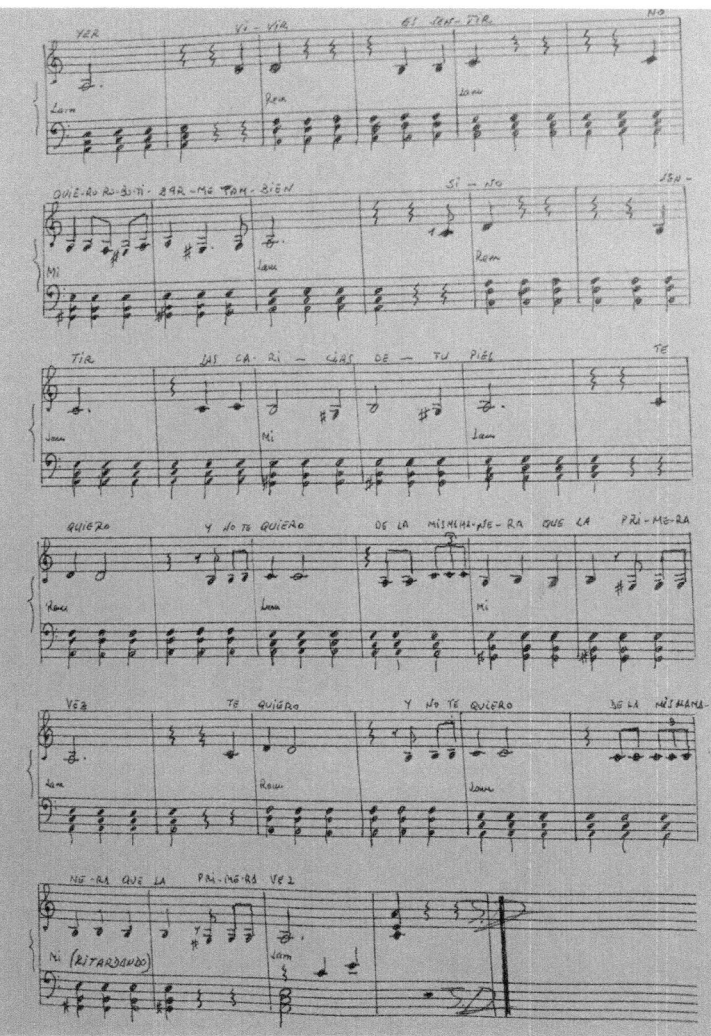

99

# " ADA "

## Lletra i Música

## Fina R. Palau

# ADA

Ada la vida et vol
la vida t´estima
la vida està  contenta
al teu costat.

Les teves mans de pianista
fan una promesa
que malgrat les adversitats
no has trencat.

Continua escrivint la vida
el que tu escriguis
et fara costat, será l´amiga
estimada que mai et deixarà.

L´edat no es obstacle
sempre manen els sentiments,
estimar-te m´ha servit
per tornar a creure amb Déus.

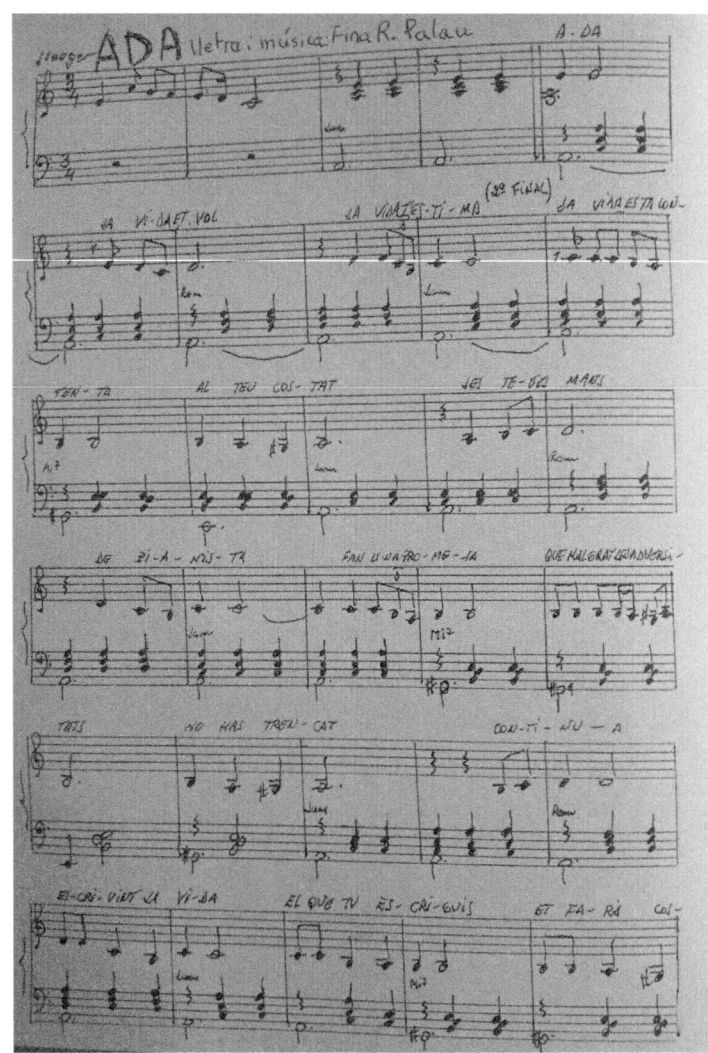

103

# ÍNDICE